MW01168944

MI PRIMER LIBRO DE EDUCACIÓN FINANCIERA

Cómo ahorrar y hacer que mi dinero crezca

Floren Verdú

ÍNDICE:

¡Te regalo mi próximo libro!

Porque valoro a cada lector que me acompaña en este camino, quiero regalarte algo único: acceso exclusivo a mi próximo libro completamente gratis.

Escanea el código y únete a mi club de lectores.

La aventura no termina aquí, empieza contigo.

Capítulo 1:

AHORROLANDIA

Érase una vez un pueblo llamado Ahorrolandia, este pueblo se encontraba en un lugar perdido de la actual España, y en este lugar vivían dos hermanos llamados: Pedro y Marta.

Los dos hermanos no tenían ni papá, ni mamá, y vivían con su abuelo Jaime, el anciano no podía trabajar, porque era muy mayor, sin embargo, era muy inteligente y ayudaba mucho a sus dos nietos.

Pedro y Marta tenían 8 años y eran gemelos, además, los dos eran muy trabajadores. Pedro se dedicaba a transportar cubos de agua desde el rio a su casa, la cual se encontraba en el centro de la plaza del pueblo. Marta era pescadora, y todos los días pescaba 3 peces para ella y otros 3 para su hermano.

Había mucha gente en Ahorrolandia, y todos tenían que pescar e ir a por agua, aunque algunas personas del pueblo se dedicaban a coger frutos del bosque.

Pedro y Marta se cansaban mucho trabajando, y pensaban que seguro que habría alguna forma de hacer el trabajo más fácil. Así que, Pedro decidió que podría construir una tubería que llevará el agua del rio a la cisterna del centro del pueblo. Como todas las casas estaban en el centro del pueblo, pensó que sería una excelente idea, ya que también facilitaría la vida al resto de habitantes.

Por otro lado, Marta también quería hacer el trabajo más fácil y decidió hablar con su abuelo Jaime.

- Abuelito, quiero coger más peces con menos esfuerzo, pero no sé qué hacer. ¿Me podrías ayudar? –dijo Marta.
- Cariño, he escuchado que en algunos pueblos del norte de España están utilizando barcos y redes, pero yo no sé cómo se hace, podrías viajar a esa zona, y a lo mejor alguien te enseña a hacerlo. –dijo el abuelo Jaime.
- ¡Muchas gracias abuelito por tu ayuda! –dijo Marta.

Marta decidió viajar a los pueblos del norte de España, porque era muy aventurera y estaba convencida de que las palabras de su abuelo eran reales.

La niña viajó durante varios días y llegó a un pueblo llamado La Barquera, allí conoció a un anciano llamado Pablo, él le enseño los pequeños barcos y redes que utilizaban para pescar. Marta quedó muy sorprendida, ya que en La Barquera era muy fácil pescar. Pero ahora la niña necesitaba aprender a construir barcos y redes.

Pablo le explicó todo el proceso de fabricación, y Marta le dio las gracias por su ayuda. Al día siguiente Marta empezó el viaje de regreso hacia Ahorrolandia.

A los pocos días, Marta llegó a su pueblo y le contó a su hermano Pedro y a su abuelo Jaime lo que había aprendido.

Ahora Pedro y Marta sabían cómo hacer el trabajo más fácil, pero necesitaban tiempo, bebida y comida. No obstante, el hermano y la hermana no sabían cómo ponerlo en práctica, así que, le preguntaron a su abuelo Jaime.

- Abuelito, ¿qué podemos hacer? –dijo Marta.
- Necesitáis trabajar en vuestro tiempo libre –dijo el abuelo.
- ¡Tengo una idea!
  Podríamos trabajar el fin de semana y en vacaciones –dijo Marta.

- También podríamos dormir una hora menos –dijo Pedro.
- ¡Todas son muy buenas ideas! –exclamó el abuelo.

Marta y Pedro tuvieron que trabajar muy duro durante más de dos años, pero al poco tiempo de cumplir los 10 años, Pedro había construido una tubería de 1.000 metros, que iba desde el rio a la cisterna del centro del pueblo, y Marta, una pequeña barca y una red de pesca.

Pedro enseñó a los habitantes del pueblo como funcionaba la tubería, y les dijo que a partir de ahora no tendrían que transportar más cubos de agua, pero a cambio, deberían darle todos los meses una parte de los peces que pescaran, sin embargo, los habitantes del pueblo aceptaron encantados, porque ya no tendrían que transportar más cubos de agua.

Por otro lado, Marta empezó a pescar con su barca y con su red, y era capaz de coger muchos peces al día.

Por fin, los habitantes del pueblo tenían agua todos los días, y sin necesidad de esforzarse para cogerla, pero ahora querían pescar igual que lo hacía Marta, así que, hablaron con Marta, porque querían barcas y redes.

Marta decidió convertirse en constructora de barcas y redes, y, por supuesto, Pedro se ofreció a ayudarla, ya que, en la actualidad no estaba trabajando.

De este modo, Marta empezó a vender barcas y redes, y por cada barca o red pedía un número concreto de peces, así pues, había más caras y más baratas.

Pedro empezaba a cansarse de tantos peces y también empezó a aceptar frutos del bosque a cambio de su agua.

Marta decidió que ella también podía hacer como su hermano, y empezó a alquilar barcas y redes, de esta forma, Marta se quedaba todos los meses con una parte de la pesca de los pescadores del pueblo, pero las barcas y redes seguían siendo de ella, por tanto, Marta y Pedro tenían muchos ingresos pasivos y también diferentes fuentes de ingresos.

¿SABÍAS QUE?

Pedro y Marta tuvieron que hacer un gran esfuerzo inicial para construir la tubería, las barcas y las redes, pero ese esfuerzo inicial ahora les proporciona **ingresos pasivos**.

¿Qué son los **ingresos pasivos**?
Es ganar dinero sin trabajar, pero el dinero no cae del cielo, porque al principio requiere mucho trabajo.

Pedro y Marta también empezaron a ganar mucho dinero de formas diferentes, ya que, pescaban, cobraban alquileres y fabricaban barcas y redes, así pues, tenían **diferentes fuentes de ingresos** y no dependían solo de un sueldo.

Capítulo 2:

EL TRUEQUE

Los habitantes de Ahorrolandia empezaron a tener más peces, agua y frutos de los que necesitaban, así que, la gente empezó a tener mucho tiempo libre.

Mucha gente del pueblo pensó que ya no era necesario dedicarse a pescar y a recoger frutos del bosque, ya que, podían dedicarse también a hacer otros trabajos. De esta forma surgió la división del trabajo, y cada persona se dedicó a diferentes tareas.

Ahora empezaron a aparecer un montón de productos distintos, porque la gente se había especializado en muchos trabajos, y en el pueblo ya había: pan, leche, huevos, frutas, pieles, etc. Por tanto, comenzaron a aparecer los primeros panaderos, agricultores, comerciantes...

Pero claro, ahora era necesario llevar todos esos productos a algún sitio, y así nació el mercado, que era el lugar donde todas las personas llevaban los productos que les sobraban.

En el mercado era necesario cambiar unos productos por otros, para que toda la gente pudiera conseguir lo que necesitara, y así apareció el trueque.

Pedro fue al mercado a conseguir leche y se acercó a un puesto donde tenían mucha.

- Señor le cambió 10 pescados por 1 litro de leche –dijo Pedro.

- Lo siento, pero yo no necesito pescado –dijo el lechero.
- Lo entiendo, lo intentaré en otro puesto –dijo Pedro.

Los habitantes del pueblo empezaron a darse cuenta de que a veces había problemas con el trueque, porque algunas personas no aceptaban ciertos productos, simplemente, porque no los necesitaban. No obstante, había otros productos que toda la gente los quería, se trataba de los bienes líquidos (vino, trigo, pieles, lana de oveja, sal…)

Así que, el trueque tenía el problema de que algunos productos eran más demandados que otros, y también había otro problema…

Marta fue al mercado a cambiar sal por pieles, y buscó un puesto donde las tuvieran, una vez que lo encontró, se acercó al señor que las vendía.

- Necesito dos pieles de abrigo. Te puedo ofrecer 5 kilos de sal –dijo Marta.
- Me parece muy poca sal, las pieles valen más –dijo el vendedor de pieles.

Marta se encontró con otro problema del trueque, ¿cómo hacer un cambio justo?

El trueque era una muy buena idea, pero tenía algunos inconvenientes.

¿SABÍAS QUÉ?

Los **bienes líquidos** fueron utilizados como el primer **dinero**, pero para que cumplieran su función necesitaban tener algunas características:

- Transportables
- Divisibles
- Duraderos
- Difíciles de falsificar

Hoy en día hay un **bien líquido** que se sigue utilizando como **dinero**, es el **oro**.

Como puedes ver, casi cualquier cosa puede ser utilizada como **dinero**, de hecho, a los soldados romanos durante algún tiempo se les pagaba con sal, es por este motivo que al **sueldo** que reciben las personas se le llama **salario**.

Capítulo 3:

LA PROPIEDAD, EL DINERO Y LOS BILLETES

En el pueblo todo el mundo necesitaba tener productos para poder intercambiarlos, porque si no tenías nada que intercambiar, no podías realizar el trueque. A esos productos que tenía la gente se les llamaba propiedades, y también a las casas donde vivían, los terrenos, etc.

Porque cuando algunas cosas no son de nadie, ¿sabéis lo que ocurre? Pues que nadie las cuida.

En Ahorrolandia había muchos árboles que daban muchos frutos y también muchas vacas sueltas. Pero había gente que cortaba los árboles para leña y cada vez había menos frutos. Otras personas cazaban a las vacas y se las comían, así que, llegó un momento en que las vacas estaban en peligro de extinción.

El alcalde de Ahorrolandia tuvo que intervenir, y dijo: que iba a dividir el terreno de alrededor de las casas en parcelas, y cada persona sería responsable de cuidar lo que estuviera dentro de su parcela. Porque estaba comprobado, que cuando las cosas no tenían propietarios, nadie las cuidaba. De esta forma apareció la propiedad.

El pueblo empezaba a hacerse famoso y llegaban mercaderes de diferentes partes de África y de Europa. Un buen día, llegó al pueblo un mercader que llevaba pequeños discos de metal, y el mercader se dirigió a un puesto donde vendían trigo.

- Señor, le cambio un disco de plata por un saco de 5 kilogramos de trigo –dijo el mercader.
- ¿Qué valor tiene el disco de plata? –dijo el vendedor de trigo.
- Pues su peso en plata, porque la moneda está hecha de plata –dijo el mercader.
- Nunca había visto algo parecido.
- ¿De qué lugar vienes? –dijo el vendedor de trigo.
- De Turquía señor –dijo el mercader.
- Está bien, aceptaré la moneda –dijo el vendedor de trigo.

Muy pronto el alcalde del pueblo se enteró de la existencia de estos pequeños discos de metal, y decidió hacer sus propios discos de metal, y así, aparecieron las primeras monedas.

Muchos alcaldes se enteraron de lo que había ocurrido en Ahorrolandia, y de este modo decidieron reunirse para hacer una moneda común, y tras mucho discutir, acordaron que, la moneda se iba a llamar Peseta.

La gente empezaba a utilizar las monedas y a desplazarse de un lugar a otro, pero se encontraban con un problema, las monedas pesaban mucho, y a veces era necesario transportar muchas monedas.

Los alcaldes se volvieron a reunir y decidieron buscar una solución. Estuvieron reunidos durante muchas horas, pero al final se les ocurrió una idea: crear papeles, donde pondría la cantidad de dinero que se le daría al portador, y también, pondría donde estarían depositadas las monedas, de esta forma nacieron los primeros billetes.

Pero ahora había otro problema, ¿dónde guardar esas monedas? Por tanto, cada pueblo creo su propio banco para poder guardar las monedas y también el oro, ya que las monedas también se podían cambiar por oro.

Como podéis ver, el dinero facilitó los intercambios de Ahorrolandia y de todo el país, y la gente cada vez vivía un poco mejor.

¿SABÍAS QUE?

Las primeras **monedas** acuñadas con carácter oficial fueron hechas en Lidia (actual Turquía), que era un pueblo de Asia Menor, aproximadamente entre los años 680 y 560 a.C.

¿Sabes dónde se creó la primera **moneda** de plata?
Fue unos 200 años antes de Cristo, en la época romana. Esa **moneda** fue llamada Denario y de ella viene el término **dinero**.

¿Sabes que España tenía otra **moneda** antes del **Euro**?
Se le llamaba **Peseta** y estuvo desde octubre de 1868 a enero de 1999.

¿Dónde se utilizaron los primeros **billetes**?
Fue en China en el siglo VII, y un poco más tarde pudo verlos Marco Polo cuando visitó al emperador Kublai Khan en el siglo XIII.

Mientras que en Europa los primeros **billetes** aparecieron en Suecia en el año 1661.

¿En qué año se creó el primer **banco** moderno?

Los primeros **bancos** aparecieron a finales de la época medieval y principios del Renacimiento, en ricas ciudades italianas como Génova y Venecia. Pero el primer banco se creó en el año 1406 en Génova (Italia), su nombre fue Banco di San Giorgio.

¿En qué año se creó el primer **banco** en España?

En España se creó el primer **banco** en el año 1783, fue el **Banco** de San Carlos.

Como puedes ver, el dinero no aparece por arte de magia, ya que para conseguirlo hay que trabajar o hacer una acción previa.

Capítulo 4:

MÁQUINAS QUE FABRICAN DINERO

Marta siguió fabricando redes y barcas para su venta y, por supuesto, también siguió cobrando por su alquiler, pero ya no cobraba en peces, porque ahora recibía monedas y billetes. Mientras tanto, Pedro recibía dinero por su servicio de agua. Marta y Pedro querían hacer su negocio más grande y llevarlo fuera de Ahorrolandia, pero no sabían cómo hacerlo, así que, fueron a hablar con el abuelo Jaime.

- Abuelito, nos gustaría llevar el negocio fuera del pueblo, pero no sabemos cómo hacerlo y, además, necesitamos mucho dinero –dijo Marta.
- Se me ocurre una idea, porque no vendéis trozos de la empresa a cambio de dinero –dijo el abuelo.
- Abuelito Jaime, pero no queremos perder el control de la empresa, queremos seguir siendo los jefes –dijo Pedro.
- No os preocupéis, sólo vais a vender el 49% de la empresa, y el 51% restante será vuestro, así, seguiréis siendo los jefes –dijo el abuelo.
- ¿Pero cómo hacemos eso? –dijo Marta.
- Muy fácil, vais a hacer papelitos a partes iguales, y a cada papelito le vais a poner el mismo valor. Estos papelitos vais a ofrecerlos a la gente del pueblo, y de esta forma, la gente

os dará dinero a cambio de ser también propietarios de vuestro negocio.

Pero es importante que cada 6 meses o 1 año, los propietarios de los papelitos reciban dinero de las ganancias de vuestras empresas –dijo el abuelo Jaime.

- ¿Abuelito, eso significa que, quién más papelitos tenga más dinero recibirá? –dijo Pedro.

- Correcto Pedro, pero lo mejor de todo, es que vosotros también tendréis el 51% de esos papelitos y, por tanto, os pagaréis a vosotros mismos –dijo el abuelo.

- ¡Estos papelitos son como máquinas que fabrican dinero! –exclamó Pedro.

- Correcto Pedro. Además, si hacéis las cosas bien, esos papelitos cada vez valdrán más y se podrán vender más caros, pero si hacéis las cosas mal, esos papelitos pueden llegar a no valer nada –dijo el abuelo.

- Abuelito, ¿y no sería mejor que la gente comprará papelitos de muchas empresas y no sólo de las nuestras? –dijo Marta.
- Claro Marta, es mucho mejor no poner todos los huevos en la misma cesta. Marta, ¿sabes que se pueden comprar papelitos de muchas empresas a la vez? –dijo el abuelo.
- ¿Cómo se hace abuelito? –dijo Marta.
- Pues comprando un fondo de inversión –dijo el abuelito Jaime.
- Abuelito, me gusta mucho la idea –dijo Marta.

Pedro y Marta se fueron al mercado del pueblo a ofrecer sus papelitos y consiguieron vender bastantes, y después se acercaron al Ayuntamiento para ver si el alcalde quería papelitos, y el alcalde también compró papelitos. Finalmente, casi todo el pueblo tenía papelitos de las empresas de Marta y Pedro.

De esta forma, los hermanos tenían dinero suficiente para ampliar sus negocios.

Marta empezó a viajar, y creó más empresas de venta y alquiler de redes y barcos. Por otro lado, Pedro instaló tuberías en otros pueblos del país, y también les pidió un alquiler por utilizar su servicio de agua.

Pedro, Marta y toda la gente que tenían papelitos, se vieron beneficiados por el trabajo de Marta y Pedro, ya que, a más dinero ganaban los negocios de los dos hermanos, más dinero conseguían los propietarios de los papelitos. Además, Pedro y Marta, cada vez que cobraban el dinero de sus papelitos, no se lo gastaban, y lo reinvertían en ampliar su negocio. De esta forma, las empresas de Pedro y Marta se fueron haciendo cada vez más grandes.

Ahorrolandia estaba creciendo y cada vez necesitaba más cosas, así pues, el alcalde pensó que él también podría tener sus propios papelitos, para así poder construir y comprar más cosas para el pueblo.

Al poco tiempo, el alcalde ya había creado sus propios papelitos, pero decidió que, quien los comprara tendría que tenerlos un mínimo de 2 años. Sin embargo, él a los 2 años devolvería el dinero que le habían prestado, más un poco más. Esta idea también gusto mucho en el pueblo, así pues, mucha gente compró los papelitos del alcalde.

¿SABÍAS QUÉ?

Cuenta la leyenda, que un rey del lejano oriente perdió a su hijo en una de las batallas que libró su ejército. Lo que le dejó profundamente consternado. Nada de lo que le ofrecían sus súbditos, conseguía alegrarle. Pero un buen día, un tal Sissa, se presentó en su corte y pidió audiencia. El rey la aceptó, y éste, le presentó un juego que aseguró que, conseguiría divertirle y alegrarle de nuevo. Era el ajedrez.

Después de explicarle las reglas y entregarle el tablero con sus piezas, el rey comenzó a jugar y se sintió maravillado. Jugó y jugó. Y su pena desapareció en gran parte. Sissa lo había conseguido.

El rey, agradecido por tan preciado regalo, le dijo a Sissa que, como recompensa pidiera lo que deseara.

- Soy lo bastante rico como para poder cumplir tu deseo más elevado.

  Pide la recompensa que te satisfaga y la recibirás –dijo el rey.

Sissa quedó callado con gesto pensativo.

- Expresa tu deseo. No escatimaré en nada para cumplir con tu petición –exigió el rey.
- Grande es tu magnificencia majestad, pero dame un tiempo para meditar –contestó Sissa.

Al día siguiente, Sissa se presentó de nuevo ante el rey.

- Soberano, manda que me entreguen un grano de trigo por la primera casilla del tablero de ajedrez, por la segunda casilla ordena que me den dos granos, por la tercera cuatro, por la cuarta ocho, por la quinta dieciséis, por la sexta treinta y dos... –dijo Sissa.

- ¡Basta! –exclamó el rey.
- Recibirás tus granos de trigo conforme a tu deseo. Por cada casilla doble cantidad que, por la precedente, hasta completar las 64 casillas del tablero de ajedrez –dijo el rey.

Pero has de saber que tu petición es indigna de mi generosidad, al pedirme tan mísera recompensa. Menosprecias mi benevolencia. Deberías haber mostrado más respeto.

¡Retírate! Mis sirvientes te entregarán un saco con el trigo que solicitas –dijo el rey.

Sissa sonrió y se quedó esperando en la puerta del palacio del rey.

Durante la comida, el rey se acordó del inventor del ajedrez, y preguntó: si ya habían entregado a Sissa, la que consideraba una mísera recompensa.

- Soberano, se está cumpliendo su orden. Los matemáticos de la corte están calculando los granos que corresponde entregar –dijo un sirviente del rey.

El rey, frunció el ceño enfadado.

Por la noche, volvió a preguntar si Sissa había abandonado ya el palacio con su saco de trigo.

- Los matemáticos trabajan sin descanso, –le replicó su sirviente.
- ¿Por qué va tan despacio este asunto? –preguntó airado el rey.

- Que mañana antes que de que me despierte, hayan entregado hasta el último grano que corresponda. No acostumbro a dar dos veces la misma orden –exclamó el rey.

A la mañana del día siguiente, el matemático mayor de la corte solicitó audiencia para dar un informe muy importante al rey. Antes de que pudiese hablar, el rey le preguntó al anciano matemático, si ya le habían entregado la mísera recompensa que solicitó Sissa.

- Sea cualquiera que fuese la cantidad, mis graneros no empobrecerán –dijo el rey.

Titubeante, el matemático contestó:

- Precisamente por eso quería verle, mi señor. Hemos calculado detalladamente la cantidad de granos solicitada por Sissa. Y... en todos sus graneros, ni en todos los graneros del reino, ni con la suma de todos los graneros del mundo, no existe la cantidad necesaria para cumplir la promesa –dijo el matemático.

Asombrado, el rey preguntó...

- Dime anciano ¿cuál es esa cifra tan monstruosa entonces? –preguntó el rey.
- Oh, mi señor... 18.446.744.073.709.551.665 granos de trigo, majestad. Ni la producción de los campos durante los próximos mil años, cumpliría su deseo, mi rey –contestó el matemático.

¿Te imaginas si pudiésemos multiplicar el **dinero** a esa velocidad?

Y si te digo que sí se puede.

Se llama **invertir**.

¿Qué significa **invertir**?

Significa, entre muchas cosas, dejarle tu **dinero** a alguien durante un tiempo, para que a cambio te devuelva tu **dinero** y un poco más.

¿Y a quién se lo presto?

Pues puede prestárselo a las empresas o incluso al gobierno de tu país o de otros países.

¿Cómo hago para multiplicar mi **dinero**?

Supongo que te acuerdas que Marta y Pedro dividieron sus empresas en partes iguales, y por cada parte hicieron un papelito.

¿Sabes cómo se le llama a cada uno de esos papelitos iguales?

Se les llama **acciones**.

¿Recuerdas que los propietarios de las **acciones** de Pedro y Marta recibían dinero? Pues ese **dinero** que recibían se llama **dividendos**.

¿Te acuerdas que el alcalde hizo sus propios papelitos?

Pues esos papelitos normalmente los hacen los gobiernos de los países, y se les suele llamar **bonos**.

Invertir tiene algunos riesgos, y no es adecuado que metas todos los huevos en la misma cesta, pero se puede reducir este riesgo, porque puedes comprar un fondo de inversión, y hay fondos que permiten comprar el mundo entero, además, algunos te permiten comprar más de

1.500 empresas a la vez.

¿Sabías que algunas empresas que conoces hacen sus propios papelitos?
Nintendo, McDonald's, Danone, Disney...

¿Cuánto dinero tendría mi abuelo si hubiera invertido hace muchos años en acciones?

- 1.000 dólares en eBay en 1998, serían ahora 2.712.997 dólares.
- 1.000 dólares en Apple en 1980, serían ahora 482.151 dólares.
- 1.000 dólares de Microsoft en 1986, serían ahora 1.421.280 dólares.
- 1.000 dólares en Google en 2004, serían ahora 21.672 dólares.
- 1.000 dólares en Facebook en 2012, serían ahora 5.382 dólares.
- 1.000 dólares en Amazon en 1997, serían ahora 1.047.914 dólares.

Todos estos números sería el valor actual de los papelitos de esas empresas, pero hay que tener en cuenta que, tu abuelito cada vez que cobraba un **dividendo** tenía 3 opciones:

- Gastarlo
- Ahorrarlo
- **Reinvertirlo**

¿Qué significa **reinvertirlo**?
Significa utilizarlo para comprar más acciones de la misma empresa, y de esta forma conseguir más dividendos.
¡Es el truco del tablero de ajedrez!

Supongo que, ya te has dado cuenta, que las máquinas de hacer dinero, sí que existen y, además, las puede comprar cualquier persona.

Pero para que puedas ver el poder de las máquinas de hacer dinero, necesitas tener todas las que puedas y, por supuesto, dejarles muchos años para que puedan trabajar, por tanto, **tienes que empezar a invertir lo antes posible.**

No te preocupes, tu papá o tu mamá te podrán ayudar, pero primero tendrán que formarse ellos, pero tranquilo, porque podrán formarse leyendo un simple libro.

Capítulo 5:

LA DEMORA DE LA GRATIFICACIÓN

Marta y Pedro empezaban a tener mucho dinero y no querían malgastarlo, pero a veces no sabían diferenciar las cosas caras de las baratas.

Los hermanos decidieron ir a hablar con el abuelo Jaime.

- Abuelito, tenemos un problema, no queremos malgastar nuestro dinero.

¿Cómo podemos saber si algo es caro o barato? –dijo Marta.

- Muy buena pregunta Marta, ya que, las cosas son caras o baratas dependiendo del valor que tienen para nosotros –dijo el abuelo Jaime.

- ¿Cómo? No entiendo nada –dijo Pedro.

- No te preocupes Pedro que yo te lo explico.

Tenéis que aprender a distinguir entre precio y valor.

Precio es el dinero que pagas por algo y valor es lo que recibes a cambio, es decir, qué valor tiene para ti.

Os voy a poner un ejemplo:

Una tarta de chocolate de 2.500 Pesetas, me puede parecer barata, porque me encanta el chocolate, sin embargo, si yo soy alérgico al chocolate, pues para mí no va tener ningún valor y me parecerá cara –dijo el abuelo.

- Abuelito, ¿la Peseta es la moneda de Ahorrolandia? –dijo Marta.
- Claro cariño, estás muy despistada –dijo el abuelo Jaime.
- ¡Muchas gracias abuelo por tus consejos! –dijeron Marta y Pedro.

Así que, Pedro y Marta decidieron comprarse cosas que les ilusionaban y tenían valor para ellos. Marta se compró una bicicleta y Pedro se compró un piano, de esta forma los dos estaban encantados con sus compras.

Además, Pedro y Marta querían comprarse una casa para cada uno, porque pronto formarían una familia y necesitarían independizarse.

Pedro soñaba con vivir en una pequeña isla que estaba deshabitada y seencontraba muy cerca de Ahorrolandia, por otro lado, Marta quería vivir en una casa con piscina y jardín.

Pero a pesar de que estaban ganando mucho dinero, no tenían suficiente para comprar las casas de sus sueños, por tanto, tenían que tomar una decisión. Debían pensar, si querían vivir en una casa más pequeña y diferente a la de sus sueños, o, por el contrario, si preferían esperar y conseguir la casa soñada.

Marta y Pedro decidieron esperar y comprar la casa de sus sueños.

Paso el tiempo, y cuando Marta y Pedro cumplieron los 20 años, ya tenían dinero suficiente para comprar las casas deseadas, así que, el esfuerzo mereció la pena.

- ¡Marta y Pedro, quiero hablar con vosotros! –exclamó el abuelo.
- ¿Qué ocurre abuelito? –dijo Marta.
- Habéis conseguido la casa de vuestros sueños y quiero felicitaros.
  Lo habéis hecho muy bien, porque habéis sabido diferenciar entre

necesidad y deseo, y algunas personas no saben hacerlo –dijo el abuelo Jaime.

- Abuelito, ¿qué quieres decir? –dijo Pedro.
- Te lo explico Pedro:
  Marta y tú teníais una necesidad, que era una casa donde vivir, pero también teníais un deseo, que era la casa de vuestros sueños. Pero una necesidad, no puede esperar, ya que, si estás muerto de hambre, tienes que comer. No obstante, un deseo es diferente, porque tú puedes desear comer galletas de chocolate, pero no te vas a morir de hambre, si no las comes –dijo el abuelo.
- Ya lo entiendo, necesidad es algo que es imprescindible, y deseo es algo que puedo vivir sin ello –dijo Marta.
- Muy bien Marta, eso es –dijo el abuelo Jaime.

- Además, también habéis sabido aplazar la demora de la gratificación, porque a veces esperar proporciona mejores cosas para el futuro. Aunque no siempre merece la pena esperar.
  Si estuvierais en el desierto y os estuvierais muriendo de sed, ¿beberíais agua o esperaríais? Creo que la respuesta está clara. Beber agua en esos momentos sería una necesidad, y no un deseo.
  ¿Daríais todo vuestro dinero por una botella de agua en el desierto? –dijo el abuelo.
- ¡No, sería un precio muy elevado! –exclamó Pedro.
- ¿Estás seguro?
  Imagina que llevas 3 días sin beber agua y estás a punto de morir. ¿Qué valor tendría para ti esa botella de agua? –dijo el abuelo.
- Ya lo entiendo abuelito, a veces conviene esperar y otras no, porque la

demora de la gratificación nos permite conseguir mejores cosas en el futuro, pero en algunas ocasiones, no se puede esperar –dijo Marta.

- Creo que ya lo habéis entendido –dijo el abuelo Jaime.

¿SABÍAS QUE?

Imagina que te dejan solo en una habitación y te dan una nube de azúcar o cualquier otra golosina que te guste mucho, y te dicen que, volverán dentro de 15 minutos, y si no te las ha comido, te darán el doble.

¿Qué harías? ¿Te la comerías o esperarías para conseguir el doble?
Se trataba de un estudio que media **la demora de la gratificación** de los niños/as, porque en esta ocasión, sí merecía la pena esperar.

Fue en la última década de 1960 y los primeros años de 1970, cuando un psicólogo llamado Walter Mischel hizo este estudio y lo llamó: El test de la golosina.

Capítulo 6:

¡NUNCA GASTES MÁS DE LO QUE GANAS!

En Ahorrolandia toda la gente sabía que Marta y Pedro tenían dinero, y a veces algunas personas iban a pedirles. Los hermanos, pronto se dieron cuenta que podían dejar dinero, y después cobrar unos intereses por el dinero prestado.

Manuel, que era un vecino del pueblo, fue a casa de Pedro a pedirle dinero prestado, y Pedro le atendió.

- Señor Pedro, tengo un problema, debo mucho dinero, porque me gasto todo el dinero que tengo y nunca ahorro nada –dijo Manuel.
- ¿Y qué puedo hacer por ti? –dijo Pedro.
- Necesito que me dejes 1.000 Pesetas, por favor –dijo Manuel.
- Está bien, pero me tendrás que devolver algunos intereses, yo te dejaré 1.000 Pesetas, pero dentro de un mes, tú tendrás que devolverme 1.100 Pesetas –dijo Pedro.
- Lo entiendo Pedro, no hay problema –dijo Manuel.

Al mes siguiente Manuel no pudo pagar su deuda y fue a pedirle más dinero a Pedro.

- Pedro, no tengo el dinero y necesito más –dijo Manuel.
- ¿Cuánto necesitas? –dijo Pedro.

- Necesito 2.000 Pesetas, de esta forma te podré pagar las 1.100 Pesetas que te debo, y me quedarán 900 Pesetas –dijo Manuel.
- Está bien Manuel, pero debes tener en cuenta que, las 2.000 Pesetas que voy a dejarte también tienen unos intereses, por tanto, la próxima vez que vengas me tendrás que dar 2.200 pesetas –dijo Pedro.

Manuel trabajaba de carpintero en el pueblo, y le iba muy bien, de hecho, cada vez ganaba más dinero, pero cuánto más dinero ganaba, más dinero gastaba, y evidentemente nunca ahorraba nada de dinero, porque le encantaba comprar todas las cosas chulas que estaban a la venta. Manuel siempre tenía los mejores ordenadores, teléfonos, coches, video juegos... Le daba igual lo que costarán, porque siempre podría pedir más dinero prestado.

Manuel no solo debía dinero a Pedro, sino que también debía dinero al banco, ya que, tenía préstamos y tarjetas de crédito, además, debía dinero a otros vecinos del pueblo.

Manuel tuvo que vender todas sus propiedades para poder pagar todas sus deudas, y llegó un momento que no tenía nada que vender.

Finalmente, el pobre Manuel acabó en la ruina, porque no sabía que, nunca podía gastar más de lo que tenía, y tampoco sabía que, no era buena idea pedir dinero prestado.

¿SABÍAS QUE?

En un cálido día de otoño, dos ardillas llamadas Oliver y Amelia estaban discutiendo:

- ¡Esas son mis bellotas! –dijo Amelia.
- Te ayudé a conseguirlas, así que, debería tener la opción de comerme la mitad de ellas –dijo Oliver.
- Ninguno de vosotros debería comerse todas las bellotas –dijo el abuelo.
- ¡Ninguno de nosotros! –exclamó Amelia.
- ¿Por qué no? –preguntó Oliver.
- Déjame contarte un cuento sobre osos y monos –dijo el abuelo.
  Un verano, muchos años atrás, los monos tuvieron la mejor cosecha de plátanos, por lo que los monos estaban viviendo un momento muy feliz en sus vidas, y pudieron comer muchos plátanos. Además, incluso

desperdiciaron los plátanos arrojándoselos unos a otros, pero un día dejó de llover y los plátanos se acabaron. En ese momento los monos comenzaron a pasar hambre.

En cualquier caso, afortunadamente para los monos, sus compañeros los osos actuaron como héroes, en lugar de comerse todos los frutos del bosque, los osos fueron muy astutos y conservaron muchos frutos, y solo se comieron los frutos suficientes para vivir. En el momento en que los osos se despertaron de la hibernación y percibieron la horrible situación de los monos, decidieron apoyarlos.

A partir de ese año, los monos descubrieron que, no podían desperdiciar sus plátanos, ni jugando, ni en fiestas, y desde ese momento, los monos guardan 2 de cada 10 plátanos. Sin embargo, tienen suficientes plátanos para comer y estar llenos –contó el abuelo.

- Esos monos seguramente no eran muy inteligentes –dijo Oliver.
- No tendría ningún deseo de parecerme a los monos y quedarme sin alimento –dijo Amelia.

El abuelo sonrió.

- Entonces cada vez que encontramos 10 bellotas, guardamos dos de ellas, y
- así cuando no tengamos tanta suerte, tendremos bellotas extra, y no os he revelado la mejor parte, cuando guardamos nuestras bellotas, no se quedan paradas, porque las bellotas crecen y se convierten en árboles. Además, los árboles dan un número cada vez mayor de bellotas, y cuanto más aguantemos, más bellotas tendremos –dijo el abuelo.

- Estoy ansioso de comenzar a ahorrar nuestras bellotas –dijo Oliver.
- Quizás algún día tendremos suficientes bellotas para ayudar a nuestros amigos, y podremos hacer lo mismo que los osos –dijo Amelia.

Los niños y los mayores debemos hacer como los animales del bosque, y aprender a **guardar 2 de cada 10 monedas**, porque nunca sabemos cuándo las vamos anecesitar.

Hemos aprendido que:

- **Gastar todo el dinero que tenemos, es fácil, pero muy peligroso.**
- **Pedir dinero prestado, casi siempre suele ser una mala idea, porque cada vez deberemos más.**

- **Todas las decisiones que tomamos en nuestra vida tienen unas consecuencias.**

Capítulo 7:

LA PAGA

Marta y Pedro eran muy felices en Ahorrolandia, y también tenían muchos amigos y amigas, Pedro llevaba muchos años enamorado de una amiga llamada Martina, y decidió decirle lo que sentía por ella.

Pronto Pedro y Martina se dieron cuenta de que tenían muchas cosas en común, y descubrieron que eran más felices juntos que por separado.

Así pues, decidieron casarse, y como Pedro tenía una casa en su isla, se fueron a vivir allí.

Tras pasar unos cuantos años muy felices, decidieron tener un hijo. De esta relación tan bonita nació Antonio, que era un niño muy travieso e impulsivo.

Por otro lado, Marta también era muy buena chica, y tenía muchos amigos y amigas. Ella también se sentía muy a gusto con un amigo llamado Luís, así que, Marta le pidió a Luis que se fuera a vivir a su casa con jardín y piscina. El muchacho aceptó sin pensarlo, ya que, le gustaba mucho Marta.

Marta y Luís no se casaron, sin embargo, decidieron tener una hija, que se llamó Nuria, la cual era una niña muy tranquila y responsable.

Por suerte, en Ahorrolandia ya existía el colegio y, por supuesto, Nuria y Antonio iban al cole y aprendían muchas cosas.

Aunque Pedro y Marta, se dieron cuenta que en el cole no enseñaban nada sobre el dinero.

Debido a su preocupación, Pedro y Marta decidieron ir a hablar con el abuelo Jaime.

- Abuelito, tenemos un problema, no queremos que Nuria y Antonio se conviertan en un futuro Manuel –dijo Marta.
- ¿Manuel es el chico del pueblo que se arruinó? –dijo el abuelo Jaime.
- ¡Sí! –exclamó Pedro.
- Abuelito, nos hemos dado cuenta que en el cole no enseñan nada sobre educación financiera –dijo Marta.
- ¡Claro que no!
  La educación financiera la tienen que enseñar los papas y las mamas en casa –dijo el abuelo.
- Abuelito Jaime, ¿qué podemos hacer? –dijo Pedro.
- Pues yo les pondría una paga semanal –dijo el abuelo Jaime.

- ¿Les pondrías una paga semanal a Nuria y Antonio? –dijo Marta.
- Correcto, eso acabo de decir –dijo el abuelo.
- ¿Y si se gastan todo el dinero en chuches? –dijo Pedro.
- No pasa nada, hay que dejarlos que se equivoquen, ya que, será mejor que se equivoquen con poco dinero, a que se equivoquen con el dinero de la hipoteca de la casa. –dijo el abuelito Jaime.
- Está bien abuelito, ya lo hemos entendido –dijo Marta.
- ¡Gracias abuelito! –exclamaron Pedro y Marta.

Ahorrolandia cada vez era más importante, y venía mucha gente de diferentes partes de Europa y del resto del Mundo.

Un día llegó un comerciante de Italia y trajo una moneda que se llamaba Euro, la gente del pueblo estaba muy intrigada, porque no conocían esa moneda. El comerciante les explicó que era la moneda de Europa, y queda cada Euro equivalía a 166 Pesetas.

Hubo mucha gente que decidió ir al banco a cambiar sus Pesetas por Euros, y desde ese momento el Euro se convirtió en la moneda del pueblo.

Cuando Nuria y Antonio cumplieron los 8 años, recibieron su primera paga de verdad, porque hasta ahora solo habían recibido algunas monedas sueltas. Nuria recibió 10 monedas de 1 Euro y Antonio otras 10.

Nuria que era muy responsable, decidió ahorrar todo el dinero, mientras que, Antonio que era más trasto, decidió gastarse toda la paga en chuches.

Pedro y Marta llamaron a los dos y hablaron con ellos.

- Nuria y Antonio, lo habéis hecho mal los dos –dijo Marta.
- ¡Pero si he guardado toda la paga! –dijo Nuria.
- Cierto Nuria, pero no puedes guardar todo el dinero de la paga, porque si lo haces, te convertirás en una tacaña –dijo su mamá Marta.
- ¿Y yo que he hecho mal? –dijo Antonio.
- Lo único que has hecho bien, es gastar el dinero en algo que te gusta, pero el problema es, que te lo has gastado todo –dijo su papá Pedro.
- ¿Y qué podemos hacer? –dijo Nuria.
- Eso, eso… –dijo Antonio.
- A partir de ahora tendréis tres huchas, una para el ahorro/inversión, otra para la donación y la última será para el gasto.

En la hucha de ahorro/inversión, meteréis un mínimo de 2 de cada 10 monedas, en la hucha de donación, un mínimo de 1 de cada 10 monedas, y en la de gasto, lo que os sobre, y muy importante, será obligatorio meter alguna moneda en la hucha de gasto.

Y, por supuesto, debéis seguir este orden: ahorro/inversión, donación y gasto.

¿Lo habéis entendido? –dijo Marta.

- Sí, tenemos que guardar 2 de cada 10 monedas, como en el cuento de las ardillas y las bellotas. –dijo Nuria.
- Y también donar 1 moneda a la gente pobre que lo necesite, y gastar el resto en chuches, juguetes o lo que nos guste –dijo Antonio.
- Pero tenemos que seguir el orden que nos habéis enseñado –dijo Nuria.
- ¡Correcto Nuria y Antonio! –exclamaron Pedro y Marta.

Nuria hizo caso de las instrucciones de Pedro y Marta, y llegó el momento en el que tenía dinero suficiente para comprar unos patines de 100 Euros, pero Nuria decidió esperar un año, porque no estaba segura si iba a utilizarlos bastantes veces, pero al final se decidió y fue a la tienda a comprarlos. Pero Nuria se llevó una sorpresa que no le gustó nada, porque ahora los patines valían 200€.

¡Pero si solo ha pasado un año!

¿Qué había pasado?

Pues lo que había pasado era, que, "el monstruo de la inflación" se había comido su dinero.

¿SABÍAS QUE?

Vuestra **paga** será igual que el **sueldo** de vuestros papas y mamás, y deberéis aprender a utilizarla correctamente.

Para no gastarte todo el **dinero** y también para no ahorrarlo todo, debes tener **3 huchas**:

1. **Ahorro/ inversión**
2. **Donación**
3. **Gastos**

El **dinero** de la **hucha** del **ahorro** lo puedes utilizar para:

- **Ahorrarlo** en el banco o en la hucha.
- **Invertirlo**, para que crezca.
  ¿Recuerdas las máquinas que fabricaban **dinero**?

¿Para qué tener **dinero ahorrado**?
Para que nunca te pase como a los monos del cuento. Porque cuando seas mayor, en algún momento te puedes quedar sin trabajo o puedes tener una emergencia.

¿Por qué **invertir**?
Para hacer que tu **dinero** crezca y también para que el **monstruo de la inflación** no se lo coma.

¿Recordáis lo que le pasó a Nuria con sus patines?

Te voy a explicar en qué consiste el **monstruo de la inflación**, consiste en que cada año las mismas cosas valen más caras. Por tanto, con el mismo **dinero** cada vez puedes comprar menos cosas.

¿En qué podemos **invertir**?

- Propio negocio.
- Nuestra educación.
- Mercado inmobiliario (casas, locales, etc.)
- Objetos físicos que aumenten de valor: el oro.
- Acciones de empresas y bonos de gobiernos.
- Fondos de inversión.

El **dinero** de la **hucha de donación** lo puedes utilizar para:

- Ayudar a alguna persona pobre que veas por la calle.
- Donarlo a alguna ONG: Caritas, Cruz Roja, Médicos sin fronteras…

El **dinero** de la **hucha de gastos** lo puedes utilizar para:

- Comprar juguetes, chuches, hacer un regalo a tu papá o mamá, para ayudar a pagar tu fiesta de cumpleaños...

Te voy a dar un **truco** para que nunca te quedes sin dinero: **¡siempre ahorra primero!**

Porque cuando seas mayor, si esperas a ahorrar lo que te sobra, **¡nunca te sobrará nada!**

Capítulo 8:

LA LISTA DE DESEOS Y EL PRESUPUESTO

Nuria y Antonio ya habían aprendido a utilizar las 3 huchas, y ahora tenían bastante dinero ahorrado en su hucha de gastos, sin embargo, no querían precipitarse a la hora de comprar cosas. Tal era su preocupación, que decidieron hablar con Pedro y Marta.

- Papá, tía, no sabemos que tenemos que hacer con nuestro dinero para gastos, porque no queremos arrepentirnos de nuestras compras –dijo Antonio.

- ¡Antonio, me alegra que hayas cambiado y seas tan responsable! –exclamó Pedro.

- Es cierto, tu papá tiene razón –dijo su tía Marta.

- ¿Y tú Nuria, tienes claro cómo gastar el dinero de tu hucha para gastos? –dijo Marta.

- No mamá, me pasa como a Antonio –dijo Nuria.

- No os preocupéis, os vamos a enseñar algunos trucos –dijo Pedro.

- A partir de ahora los dos haréis una lista de deseos –dijo Marta.

- ¿Qué es eso? –dijo Antonio.

- Una lista deseos es una hoja de papel donde vais a apuntar todos los juguetes o cosas que os gustaría tener, y será muy importante que, no compréis nada que no lleve mínimo una semana en la lista de deseos –dijo Pedro.

- ¿Y para qué sirve la lista de deseos? –dijo Nuria.
- Pues sirve para que no compréis cosas por impulso, cosas que después no vais a utilizar –dijo Marta.
- Como dice Marta, son cosas que realmente no necesitas, pero las compras porque se las has visto a alguien o porque las has visto en la publicidad –dijo Pedro.
- Pero lo peor de todo, es que compras estas cosas pensando que serás feliz cuando las tengas, y simplemente te hacen perder dinero. Porque la mayoría de estas cosas, cuando las compras, pasan a valer menos dinero –dijo Marta.
- ¿Entonces no podemos comprar las cosas que no hagan ilusión? –dijo Antonio.

- Claro que podéis, pero lo que compréis, tiene que estar apuntado en la lista de deseos un tiempo mínimo de una semana –dijo Marta.
- Además, es posible que vuestro papá o mamá decidan compraros algo que tenéis apuntado en la lista de deseos, así pues, también sirve para eso.
Aprenderéis una lección muy importante utilizando la lista de deseos, está lección será: que a veces merece la pena esperar para conseguir mejores cosas en el futuro –dijo Pedro.
- ¡Estoy segura que habría evitado comprar muchas cosas inútiles, si hubiera tenido mi lista de deseos! –exclamó Marta.

Nuria y Antonio, cuando iban al supermercado, a veces cogían cosas que no estaban en la lista de deseos, pero se trataba de compras de poco dinero. Ya que, cada vez que iban a hacer una compra más cara, antes lo apuntaban en la lista de deseos y, por supuesto, nunca compraban nada que no estuviera en la lista de deseos un mínimo de una semana. En algunas ocasiones, para conseguir las cosas tenían que ahorrar, pero no les importaba, porque la espera merecía la pena, no obstante, se dieron cuenta que para comprar cosas más caras necesitaban una planificación, por tanto, una vez más tuvieron que hablar con Pedro y Marta.

- Mamá, tío Pedro, queremos celebrar nuestros dos cumpleaños de forma conjunta –dijo Nuria.
- Pero no sabemos cómo hacerlo, ni tampoco cuánto dinero necesitaremos, ni siquiera cuánto dinero nos podremos gastar –dijo Antonio.
- Claro que no lo sabéis, porque necesitáis un presupuesto –dijo Marta.
- ¿Un que…? –dijo Antonio.

- Un presupuesto –dijo Pedro.
- ¿Y eso que es? –dijo Nuria.
- ¿Tenemos que estudiar? –dijo Antonio.
- No, tranquilos –dijo Marta.
- Necesitáis saber hacer sumas y restas –dijo Pedro.
- Y también necesitáis saber cuánto dinero ingresáis y cuánto dinero gastáis –dijo Marta.
- ¿Pero qué ingresos? –dijo Nuria.
- Los de la paga –dijo Pedro.
- Pero nuestra paga es pequeña, no vamos a poder conseguir tanto dinero para poder celebrar nuestro cumpleaños –dijo Antonio.
- Tenéis que ahorrar, y entre tú y Nuria lo vais a conseguir –dijo Marta.
- Además, vuestro papá y mamá también pueden haceros una donación, que deberéis incluir en vuestro presupuesto, porque recordar

que tenemos que apuntar todos los ingresos y gastos –dijo Pedro.

- También debéis saber que, con el presupuesto podréis calcular cuánto tiempo tardareis en conseguir vuestro objetivo –dijo Marta.
- Eso sí, hasta que no hagáis unos cuantos presupuestos, no sabréis hacerlos solos, y tendréis que pedir ayuda a vuestros papas y mamás –dijo Pedro.
- Ya lo he entendido, para comprar cosas necesitamos planificación –dijo Nuria.
- Eso es, pero no solo para comprar cosas, la planificación también será importante cuando seáis mayores y tengáis vuestra propia casa –dijo Marta.
- ¡Muchas gracias por la ayuda! –exclamaron Antonio y Nuria.
- De nada –dijeron Marta y Pedro.

Nuria y Antonio estuvieron ahorrando durante 10 meses y pudieron celebrar sus cumpleaños, pero no pudieron invitar a todos los niños de la clase, porque no tenían dinero suficiente, pero lo más importante es, que consiguieron su objetivo.

A partir de este momento, Antonio y Nuria realizaban un presupuesto cada vez que querían comprar una cosa cara de la lista de deseos, pero les encantaba hacerlo, porque siempre sabían cuánto tiempo tardarían en conseguir sus juguetes de la lista de deseos.

¿SABÍAS QUE?

Hemos aprendido el truco de la **lista de deseos** para no precipitarnos con las compras, también hemos aprendido que, para comprar algo caro tiene que estar apuntado un mínimo de una semana en la **lista de deseos**. Además, hemos aprendido que, todas las cosas que nos hagan ilusión las pagaremos con nuestra hucha de **gastos**.

A continuación, quiero enseñaros dos reglas que tenéis que aplicar a la hora de hacer compras:

1. **Aprender la demora de la gratificación (saber esperar, cuando merece la pena).**
2. **No gastar nunca más de lo que ganas.**

También necesito que aprendáis dos cosas muy importantes:

1. **Si gastáis más de lo que tenéis o ganáis, tendréis deudas.**
2. **Si ingresáis más de lo que gastáis, tendréis ahorros.**

Desgraciadamente, tendréis que elegir uno de los dos caminos, ya que, no serán compatibles, aunque sinceramente, espero que elijáis el segundo camino, y que no os pase como a Manuel, el cual acabó en la ruina por gastar más de lo que tenía.

Por último, también hemos aprendido a usar **presupuestos**, y ya sabemos que, con una buena **planificación** podremos conseguir todo lo que nos propongamos.

Capítulo 9:

TRABAJOS DEL FUTURO

Antonio y Nuria habían cumplido 18 años y ya empezaban a pensar en su futuro trabajo, por suerte, Nuria y Antonio no habían tenido que trabajar desde muy jóvenes, aunque Pedro y Marta, sí que tuvieron que empezar a trabajar con tan solo 8 años.

Los años habían pasado y todo era muy distinto, y por fin llegó Internet a Ahorrolandia, se trataba de un avance muy importante, porque iba a cambiar el mundo y también el trabajo.

Internet trajo a Ahorrolandia profesiones que antes no existían y también cambió otras que ya existían.

Antonio y Nuria no querían equivocarse a la hora de elegir su futura profesión, por eso decidieron preguntarles a Pedro y Marta.

- Queremos buscar un trabajo que tenga futuro y que se gane mucho dinero –dijo Antonio.
- ¿Por qué necesitáis buscar un trabajo? ¿Habéis pensado que también podéis crearlo? –dijo Marta.
- ¿Cómo crearlo? –dijo Nuria.
- A ver Nuria, está muy bien buscar trabajo, porque a lo mejor encuentras algo que te gusta mucho, pero no es el único camino. Ya que también puedes crear tu propio trabajo, y puedes ser tu propia jefa –dijo Marta.

- ¿Por qué necesitáis ganar mucho dinero con el trabajo? –dijo Pedro.
  Si ganáis mucho dinero con el trabajo será algo excelente, pero no es lo más importante, puesto que, lo más importante es que hagáis un trabajo que os guste –dijo Pedro.
- ¿Sabéis que sería lo ideal? –dijo Marta.
- ¿Qué...? –dijo Nuria.
- Pues que convirtierais vuestras aficiones en vuestras futuras profesiones, de esta forma ganaríais dinero por algo que os resulta divertido –dijo Marta.
- ¡Qué idea más chula! –exclamaron Antonio y Nuria.
- ¿Y cómo aprendemos sobre las cosas que nos interesan? –dijo Antonio.
- Pues tenéis muchas opciones, pero yo buscaría en Internet: libros, noticias, videos…

Y también aprendería cosas sobre marketing y ventas, porque todos los trabajos necesitan saber vender, aunque a veces no vendemos un producto, sino que nos vendemos a nosotros mismos –dijo Pedro.

- ¿Cómo que nos vendemos a nosotros mismos? ¡Pero qué estás diciendo! –dijo Nuria.

- Sí, todas las personas tenemos una marca personal en Internet, compartimos fotos, datos, escribimos cosas... Todas estas cosas que hacemos en Internet van construyendo nuestra marca personal, y, por tanto, tenemos que cuidarla, porque en algunas ocasiones nos puede perjudicar.

De tal forma, podemos tener una marca personal muy buena, y que la gente nos quiera contratar o trabajar con nosotros, o, por el contrario, tener una marca personal mala, y que nadie quiera trabajar con nosotros o que no nos quieran contratar –dijo Marta.

- Creo que ya lo entiendo, si yo fuera a buscar trabajo, tendría que convencer a la persona que me entrevista para que me contrate, por tanto, yo sería el producto.

Y si yo he escrito cosas feas en Internet o he subido fotos feas, mi marca personal sería mala y me podría perjudicar en el futuro.

Y si yo fuera a vender algo de puerta en puerta, tendría que convencer a las personas para que me compren mi producto, y en esta ocasión, el producto sería lo que yo vendo.

Y por todas estas razones, hay que aprender a vender –dijo Nuria.

- Muy bien Nuria, creo que lo has entendido –dijo Marta.

- ¿Antonio, tú lo has entendido? –dijo Pedro.

- Sí, la tía Marta se ha explicado muy bien y también lo ha explicado Nuria –dijo Antonio.
- ¿Y por qué tenemos que aprender marketing? –dijo Antonio.
- Porque hoy en día casi toda la publicidad se hace a través de Internet, y si no contratamos publicidad, nadie nos va a conocer.
  ¿Imaginar que tenéis en vuestra casa la tienda de chuches más fantástica del mundo? Pero nadie sabe que está allí. ¿Venderíais alguna chuche? –dijo Marta.
- No, ninguna, porque nadie lo sabría –dijo Antonio.
- Pues para eso serviría el marketing –dijo Pedro.
- ¡Muchas gracias papá y tía Marta! –dijo Antonio.
- ¡Muchas gracias! Yo también he aprendido mucho –dijo Nuria.
- De nada –exclamaron Pedro y Marta.

Antonio y Nuria siguieron estudiando en el instituto y, por supuesto, disfrutando de su tiempo libre, a Antonio le encantaba jugar a la videoconsola, mientras que, a Nuria le gustaban mucho los aviones, los pájaros y cualquier cosa que volara.

Tras un año dándole vueltas a las palabras de Pedro y Marta, Antonio decidió hacerse diseñador de videojuegos, por otro lado, Nuria empezó a pilotar un dron.

Pasaron algunos años y Antonio ya había diseñado su primer videojuego, mientras que, Nuria se había convertido en piloto de drones.

Antonio fundó su propia empresa de diseño de videojuegos y empezó a ganar bastante dinero, aunque en ocasiones, también trabajaba para otras empresas, pero lo que más le gustaba era ser su propio jefe.

En cuanto a Nuria, fundó una empresa de transportes, pero los transportes no eran con camiones, sino que con drones.

Ella se convirtió es su propia jefa y se

divirtió mucho. Además, cuando el tiempo se lo permitía, participaba en la liga profesional de carreras de drones.

El abuelo Jaime, Marta, Pedro, Luis, Martina, Nuria y Antonio, fueron muy felices y jamás tuvieron problemas económicos.

Ha llegado el momento de despedirnos, pero no te pongas triste, porque nos veremos pronto. Un fuerte abrazo.

¿SABÍAS QUE?

Gracias a Internet han aparecido nuevos **trabajos** que antes no existían, por ejemplo:

- Diseñar videojuegos.
- Diseñar aplicaciones para móviles.
- Pilotar drones.
- Gestionar las redes sociales de las empresas.
- Vender productos o servicios a través de Internet, sin tener una tienda física, ni atender personalmente a los clientes.
- Reparar impresoras 3D.
- Fabricar y reparar robots.

¿Sabías que algunas empresas han despedido gente por sus comentarios en las redes sociales?

¿Sabías que, algunas empresas, antes de contratarte, miran tus perfiles en las redes sociales?

¿Sabías que, puedes perder una venta importante por culpa de tus comentarios en las redes sociales?

Debes cuidar tu **marca personal** y llevar mucho cuidado con lo que escribes y subes a las redes sociales, porque ya no se podrá borrar.

Por otro lado, será muy importante que aprendas sobre **ventas y marketing**, ya que, te hará falta en todos los trabajos.

Además, sería fantástico que convirtieras tu afición en tu **trabajo**, ya que, ir a trabajar no te supondría ningún sacrificio.

Quiero decirte que, mínimo debes aprobar el instituto, pero no te preocupes si no quieres ir a la universidad, porque no será el único camino, recuerda que también necesitaremos: fontaneros, electricistas, jardineros, empresarios...

Por último, no olvides que, **no será necesario que trabajes para ninguna empresa, puesto que tú podrás crear tu propio negocio, y podrás ser tu propio jefe.**

RECOMENDACIONES

Si te ha gustado mucho el libro, también te invito a que te leas dos libros muy chulos, no los he escrito yo, pero da igual, porque te van a encantar, estos libros son:

1. *¿Dónde crece el dinero?* De Laura Mascaró.
2. *Mi primer libro de economía, ahorro e inversión.* De María Jesús Soto.

Ahora viene la parte que me hace más ilusión: tengo dos nuevos libros, uno que es la segunda parte del que acabas de leer y otro para ayudarte a ser feliz, aquí te los dejo:

1. *Mi primer libro de educación financiera 2.* De Floren Verdú.
2. De mayor quiero sentirme bien. De Floren Verdú.

Para finalizar, te agradecería muchísimo una reseña positiva en Amazon. Muchas gracias.

¡Te regalo mi próximo libro!

Porque valoro a cada lector que me acompaña en este camino, quiero regalarte algo único: acceso exclusivo a mi próximo libro completamente gratis.

Escanea el código y únete a mi club de lectores.

La aventura no termina aquí, empieza contigo.

Made in United States
Orlando, FL
19 March 2025

59589392R00066